Kannen suunnittelu: Teemu Virtanen
Sisuksen taitto: Teemu Virtanen

Kustantaja: BoD – Books on Demand, Helsinki, Suomi
Valmistaja: BoD – Books on Demand, Norderstedt, Saksa

ISBN: 978-951-56-8008-2

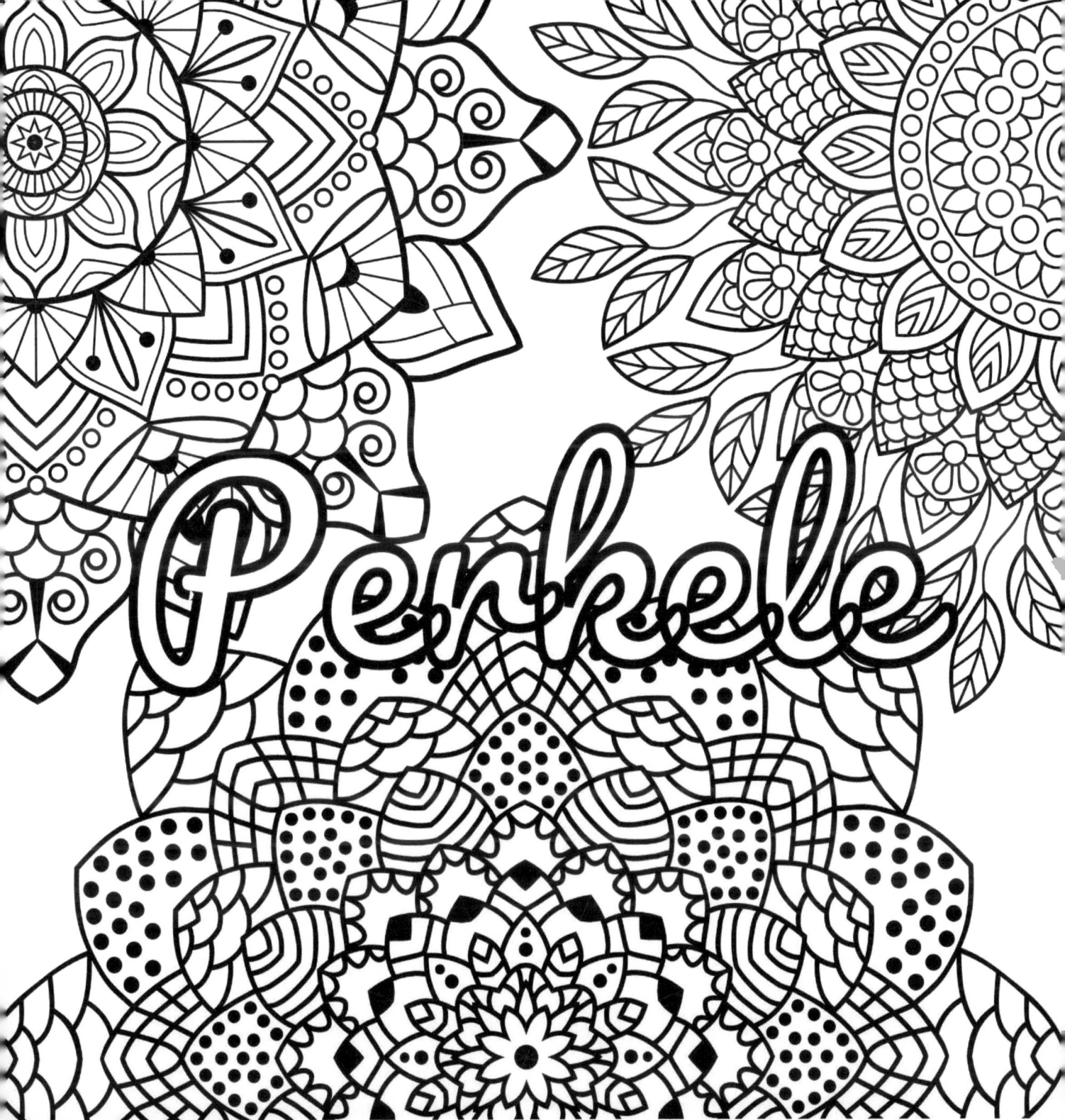

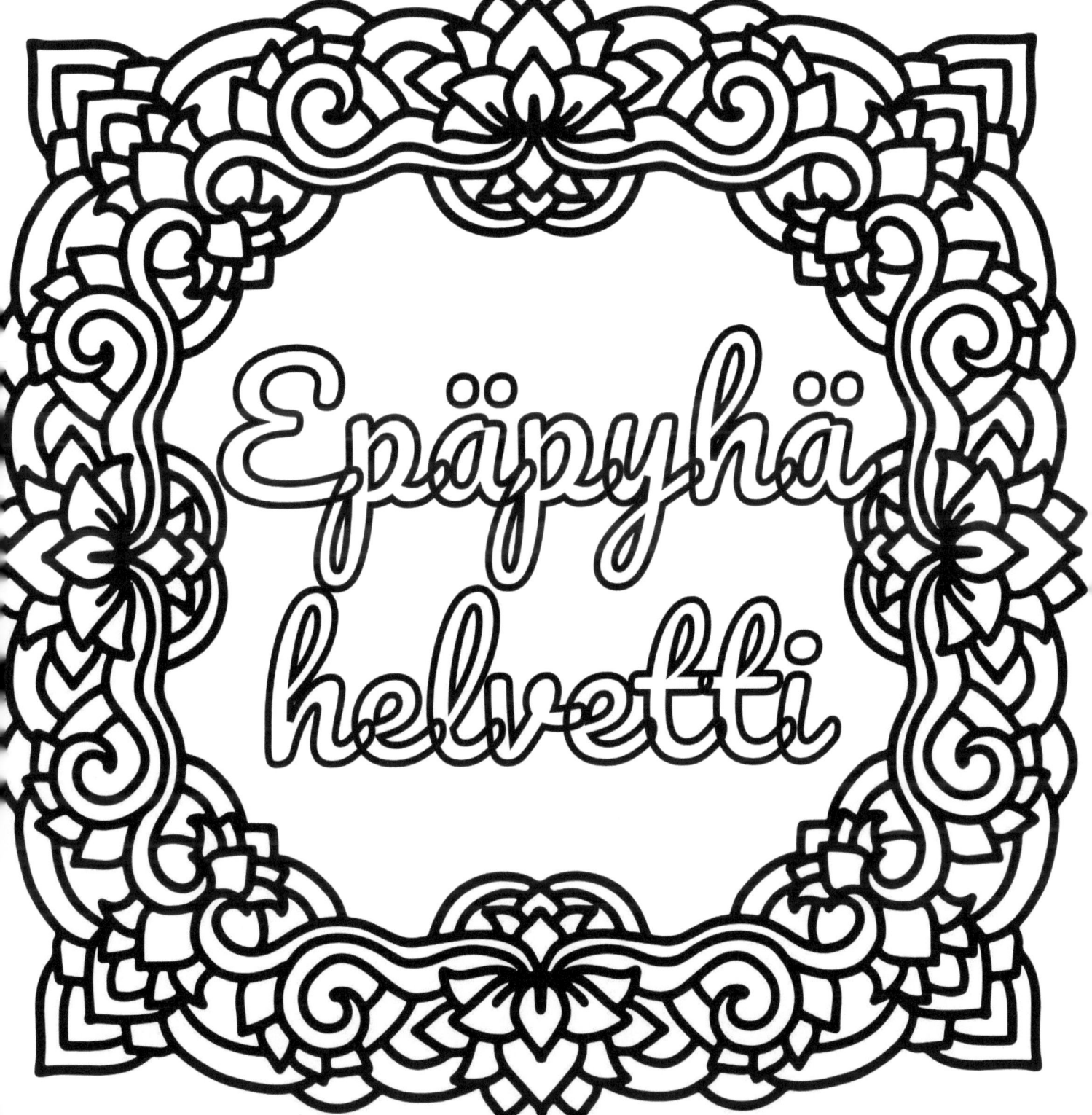

Kiinnostaa kuin kilo paskaa

Saatanan perkele